LA COLONNE

DE

LA GRANDE ARMÉE

D'AUSTERLITZ,

OU

DE LA VICTOIRE,

MONUMENT TRIOMPHAL
ÉLEVÉ A LA GLOIRE DE LA GRANDE ARMÉE

PAR NAPOLÉON,

40 PLANCHES REPRÉSENTANT LA VUE GÉNÉRALE, LES MÉDAILLES, PIÉDESTAUX,
BAS-RELIEFS ET STATUE DONT SE COMPOSE CE MONUMENT,

GRAVÉES EN TAILLE-DOUCE

PAR AMBROISE TARDIEU.

A PARIS,

AU DEPOT DE L'ATLAS GEOGRAPHIQUE A 10 CENTIMES LA CARTE,
RUE DES BONS-ENFANS, N° 23.

AVERTISSEMENT.

La Colonne de la Grande Armée, ce monument impérissable de la gloire des soldats français, était peu connue dans tous ses détails, son élévation empêchant l'œil de distinguer jusqu'à son sommet les sculptures qui l'entourent. Les bas-reliefs, au nombre de quatre-vingts, représentent, dans une suite de belles compositions, tous les faits importants de l'étonnante campagne de 1805, depuis la levée du camp de Boulogne jusqu'à la paix de Presbourg.

J'ai pensé qu'il serait agréable aux nombreux admirateurs de notre gloire nationale, et aux braves qui l'ont élevée à un si haut degré, de posséder une description exacte du seul monument érigé à la Grande Armée par son illustre chef. En conséquence, j'ai dessiné et gravé avec le plus grand soin la vue générale, les piédestaux, bas-reliefs, statue et médailles dont il se compose, et n'ai rien négligé pour que l'exécution réponde à la noblesse du sujet, et que cet ouvrage forme, pour ainsi dire, le chapiteau du beau monument des *Victoires et Conquêtes* élevé par M. Panckoucke à la valeur française.

Ambroise TARDIEU.

Près de la vue générale de la colonne, on a placé un aperçu rapide des opérations de la campagne, et les détails particuliers de chaque action se retrouvent à côté de chaque planche qui en offre le sujet. Par là le lecteur peut, en prenant une connaissance exacte du monument, suivre sans peine la marche des événemens, et y rattacher sans efforts les circonstances les plus importantes qui les ont accompagnés.

Le monument destiné à perpétuer de si grands souvenirs a été arrêté presque sur le champ de bataille; M. Denon en eut la première pensée. Il n'avait presque point quitté l'empereur pendant cette campagne; au retour d'Austerlitz à Schœnbrunn, il proposa à Napoléon de transformer en colonne commémorative des triomphes de la campagne, la *Colonne départementale* (1), dont on n'avait encore posé que la première pierre. Ce projet fut agréé, et l'on s'occupa bientôt de le mettre à exécution. Les travaux en furent poussés avec une activité telle, qu'ils ont été achevés en moins de quatre ans. Paris est sans doute la seule ville au monde où les arts puissent opérer de pareils prodiges dans une espace de temps aussi court. Où trouver ailleurs une réunion assez nombreuse d'artistes et d'ouvriers capables de concourir en même temps à des travaux si variés? L'ensemble qui régnait dans toutes les parties de cette construction mérite d'être remarqué. A mesure que le massif en pierre s'élevait, dessinateurs, sculpteurs, fondeurs et ciseleurs étaient employés à donner au bronze la forme qui devait revêtir chaque assise. Tout ce qui tenait à cette campagne semblait devoir marcher rapidement et de front.

Quoique son origine soit placée bien près de nous, ce monument a déjà subi dans sa dénomination plusieurs métamorphoses. Il a été successivement appelé colonne d'Austerlitz, de la grande armée, de la victoire, et de la place Vendôme. Ce dernier nom est encore celui qu'on lui donne aujourd'hui; mais, quel que soit celui que la postérité lui conserve, la destination de la colonne restera la même, et rappellera, dans tous les temps, une des époques les plus brillantes de nos fastes militaires. Une statue avait été jadis érigée en l'honneur de Louis XIV, au centre de la place Vendôme. La révolution a fait disparaître ce monument. Les fondations seules en sont demeurées intactes. Elles ont trente pieds environ de profondeur, et sont bâties sur pilotis. On les a jugées assez solides pour supporter la colonne; il n'a fallu que quelques réparations à l'arasement du sol, et c'est sur ces substructions qu'on a posé les premières assises de cette masse énorme qui s'élève à une hauteur assez grande pour que le sommet en soit aperçu de tous les environs et de la plupart des quartiers de Paris. La partie solide du monument est construite en pierre de taille très-dure et appareillée avec soin. On en peut juger par l'escalier intérieur qu'elle renferme, et dont les degrés sont pris dans l'épaisseur même des assises. Cet escalier, en forme de colimaçon, commence à partir du palier en marbre blanc veiné sur lequel s'élève la colonne, et conduit par 176 marches jusque sur le tailloir du chapiteau.

Ainsi qu'on peut le voir dans notre planche n° 1, la colonne était, dans le principe, couronnée par la statue de Napoléon, figure dont toutes les parties, combinées avec les proportions de l'architecture, ajoutaient à l'élégance et à la beauté du monument. L'ornement qu'on y substitua, lorsqu'en 1814 on descendit cette statue, était loin d'offrir un effet aussi pittoresque. On peut dire même qu'il offrait une disparate choquante. Le bon goût en a fait justice, et la nouvelle statue qui vient d'être placée au faite de cette colonne triomphale lui rend sa forme et sa destination primitives (2).

---

(1) Cette colonne, que devait surmonter la statue de Charlemagne, avait pour objet de constater l'adhésion unanime de la France à l'établissement de l'Empire.

(2) On a gravé sur la plinthe de la statue de M. Seure, fondue par M. Crozatier, le nom du statuaire et celui du fondeur; on y a gravé aussi l'inscription ci-après:

« Vingt-huit juillet 1833, anniversaire de la révolution de juillet, et l'an troisième du règne de Louis-
» Philippe Ier, roi des Français, par ordonnance du 8 juillet 1831, rendue sur la proposition de M. Ca-
» simir Périer, président du conseil des ministres, la statue de Napléon a été replacée sur la colonne de
» la Grande Armée, M. Thiers étant ministre du commerce et des travaux publics. »

Voici quelles sont les divisions indiquées dans le plan des architectes : élévation totale, 135 pieds 1 pouce; piédestal, y compris le perron composé de trois marches, 17 pieds 3 pouces sur 17 pieds de large dans le nu du dé; base et tore, 5 pieds 8 pouces; fût, 82 pieds 6 pouces sur un diamètre moyen de 11 pieds 5 pouces; chapiteau, 4 pieds 2 pouces; lanterne ou stylobate, 13 pieds 6 pouces; statue avec la plinthe, 10 pieds 6 pouces.

Les plaques de bronze dont la colonne est revêtue sont au nombre de 425, et pèsent, avec la statue et les divers ornements, 180,000 kil. (360,000 livres environ). Tous ces objets ont été coulés avec l'airain de l'artillerie conquise sur l'ennemi à Ulm et à Vienne. 1120 agrafes de même métal, et scellées dans le noyau de pierre du monument, servent à y fixer ces plaques. L'ajustage en est aussi simple que solide. Des sabots ménagés à la fonte au revers de chaque pièce de bronze se rapportent aux agrafes dont il vient d'être parlé, et y sont réunis par un goujon qui les traverse. Dans cet ajustage on avait à prévoir l'effet de la dilation et du resserrement du métal, selon la variation de l'atmosphère. On a paré à tout inconvénient en faisant rejoindre les plaques en biseau contrarié, et en perçant les sabots et les agrafes par où le goujon passe, les uns d'un trou ovale, les autres d'un trou rond. Ce procédé a tellement bien réussi, que dans aucune saison de l'année on ne peut apercevoir le moindre intervalle entre le jointoiement des pièces.

La colonne est d'ordre dorique dans des proportions colossales. Dans un monument de ce genre, le mérite de l'architecture ne vient qu'en seconde ligne. Ici, comme dans les colonnes trajane et antonine, la sculpture est l'objet principal; aussi le monument en est-il surchargé depuis la base jusqu'au faîte. Des trophées d'armes enlevées aux ennemis vaincus sont sculptés en relief sur les quatre faces du piédestal. Au-dessus, à chaque angle, un aigle de ronde bosse retient dans ses serres l'extrémité d'une guirlande de chêne qui tombe en feston sur chaque façade. Le fût de la colonne est enveloppé dans toute sa hauteur par un bas-relief qui se déroule en spirale sur une longueur de 840 pieds environ, et qui présente une suite de tableaux où sont inscrits, presque jour par jour, les faits mémorables de la campagne. On conçoit combien il a fallu de goût, de tact et d'imagination pour observer l'ordre chronologique des événements, conserver un certain caractère d'unité dans une aussi vaste composition, et cependant pour en varier chaque scène. On conçoit aussi combien il a fallu d'art pour exprimer, avec le peu de ressources qu'offre la sculpture et la sévérité de style qu'elle exige, des actions dans lesquelles avaient figuré des armées innombrables revêtues de costumes ingrats et manœuvrant avec tous les attirails de guerre dont les formes sont si peu héroïques. Tant de difficultés ont été heureusement résolues par le parti qu'on adopta pour l'exécution des bas-reliefs. On avait senti combien le manque d'ensemble dans la composition nuirait à l'effet général du monument; un seul artiste fut chargé de tracer l'esquisse de cette longue série de tableaux, et cet artiste était M. Bergeret, qui venait de débuter avec éclat dans la carrière de la peinture (1). C'est sur les programmes dictés par M. Denon que M. Bergeret sut écrire, d'une manière aussi

---

(1) C'est peu de temps après l'exposition de son tableau des honneurs rendus à Raphaël après sa mort, que M. Bergeret fut chargé de ce travail.

(4)

exacte que pittoresque, et dans une suite de dessins de près de mille pieds d'étendue, le journal historique de la campagne de 1805. Ses croquis ont, à la vérité, servi de guide plutôt que de modèle aux sculpteurs; mais, il faut le dire à la louange du dessinateur, les bas-reliefs les plus remarquables sont ceux qui s'écartent le moins des compositions originales.

Au nom de M. Bergeret, nous joindrons ceux des autres artistes qui ont concouru à l'embellissement de la colonne, et la part des travaux que chacun d'eux a dans ce monument. La première statue de Napoléon est due au ciseau de Chaudet, et les aigles du piédestal à celui de M. Canlers. Le bas-relief de la façade où se trouve la porte d'entrée, ainsi que les deux renommées qui soutiennent le cartouche de l'inscription, ont été dessinés par M. Mazois, architecte, et sculptés par M. Gérard. Les bas-reliefs des trois autres côtés du piédestal ont été exécutés en commun par M. Beauvallet et Renaud, d'après les dessins de M. Zix. Pour les tableaux qui couvrent le fût de la colonne, ils sont l'ouvrage de MM. Bartholini, Beauvallet, Boischot, Boquet, Bosio, Bouillet, Bridan, Callamart, Cardelli, Mlle Charpentier, MM. Clodion, Corbet, Delaistre, Deseine, Dumont, Dupasquier, Fortin, Foucou, Franin, Gaule, Gérard, Gois fils, Lorta, Lucas, Moutoni, Petitot, Picart, Renaud, Rutxhiel, Stouff, et Tauney. Tous les ornements de sculpture ont été exécutés par M. Gelée.

La fonte de toutes les pièces de la colonne a été commencée par M. Delaunay, et achevée par M. Canlers, dans les ateliers construits exprès dans l'enceinte de la foire St.-Laurent. La ciselure était confiée à feu M. Raymond.

Tous ces travaux et ceux de construction ont été exécutés sur les plans et les dessins de M. Lepère, sous l'inspection de M. Gondoin, et sous la direction de M. Denon, alors directeur général des Musées et de la Monnaie des médailles; c'est ce que constate l'inscription gravée sur le tailloir du chapiteau; elle est ainsi conçue.

Monument élevé à la gloire de la Grande Armée,

Par NAPOLÉON LE GRAND,

Commencé le XXV août 1806, terminé le XV août 1810, sous la direction de D. V. Denon.

MM. J. B. Lepère et L. Gondoin, architectes.

Imprimerie de A. Belin, rue Sainte-Anne, n. 55.

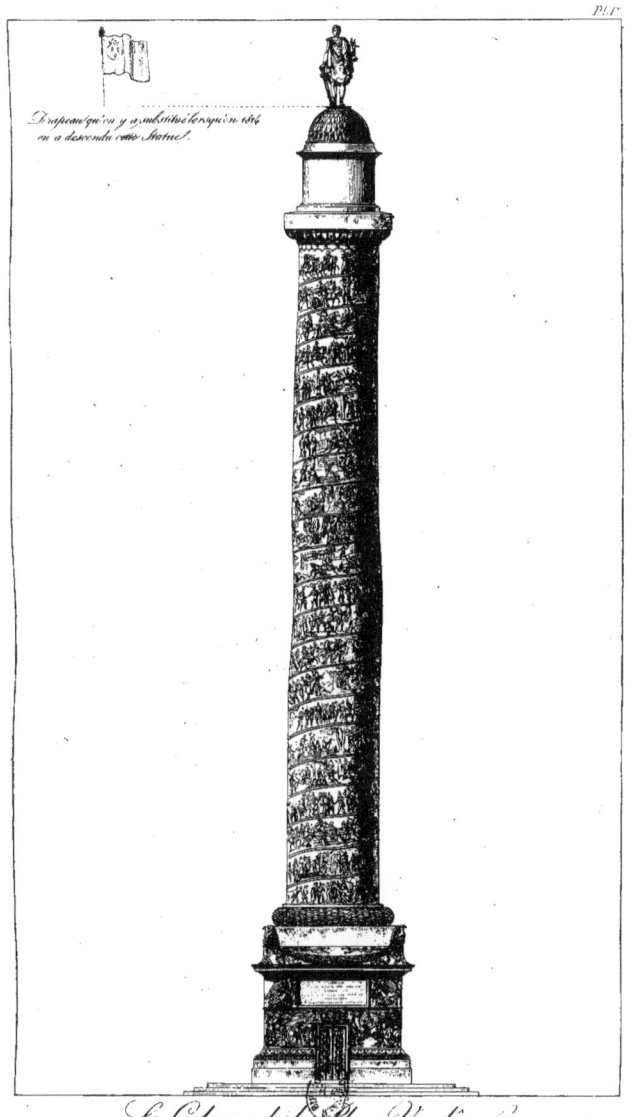

La Colonne de la Place Vendôme
dite de la Grande Armée ou de la Victoire.

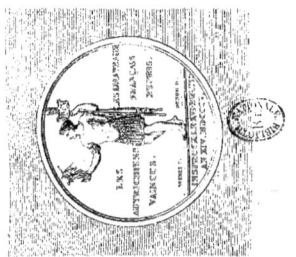

Pl. 3.

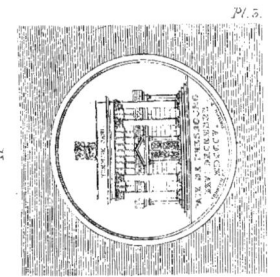

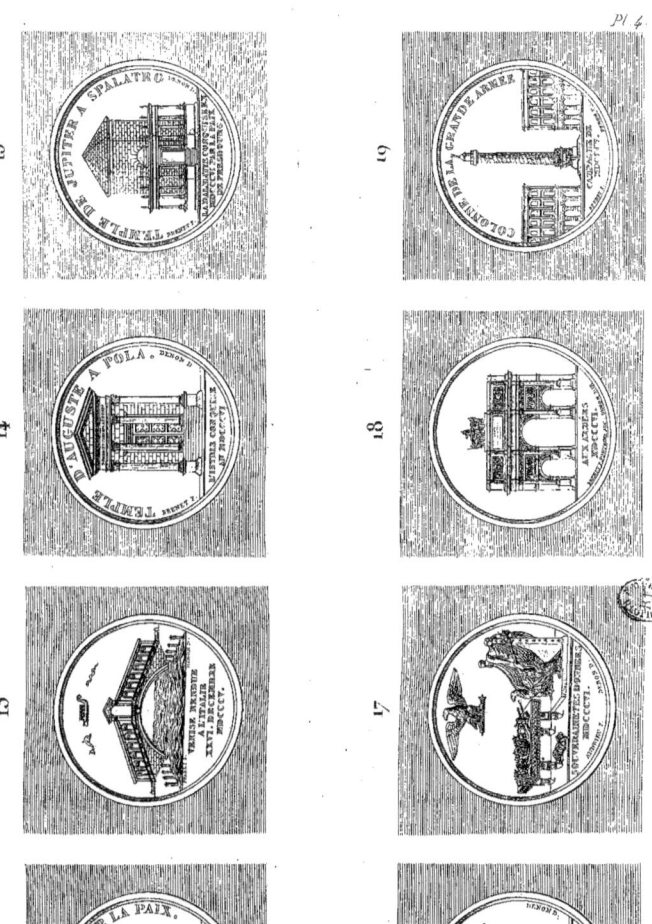

Piédestal du Midi.

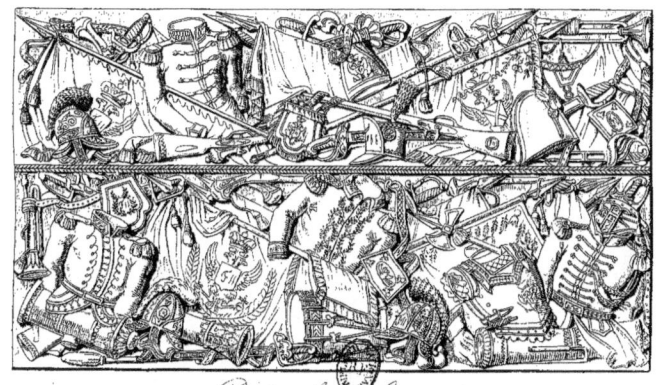

Piédestal du Levant.

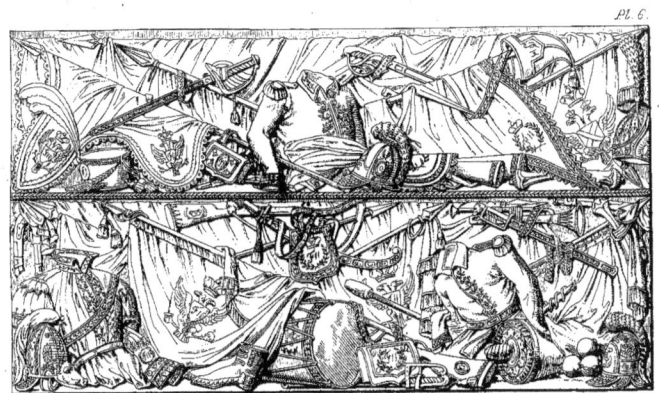

Piédestal du Nord.

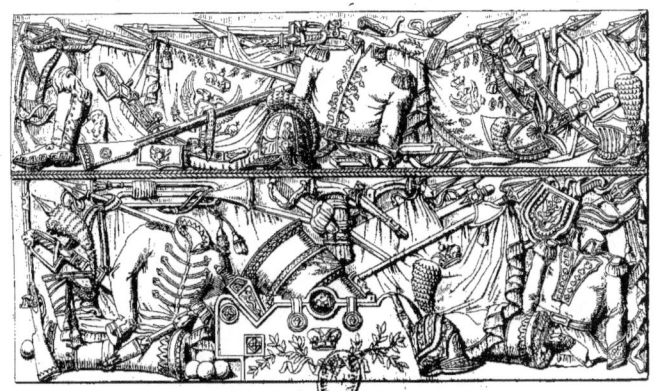

Piédestal du Couchant.

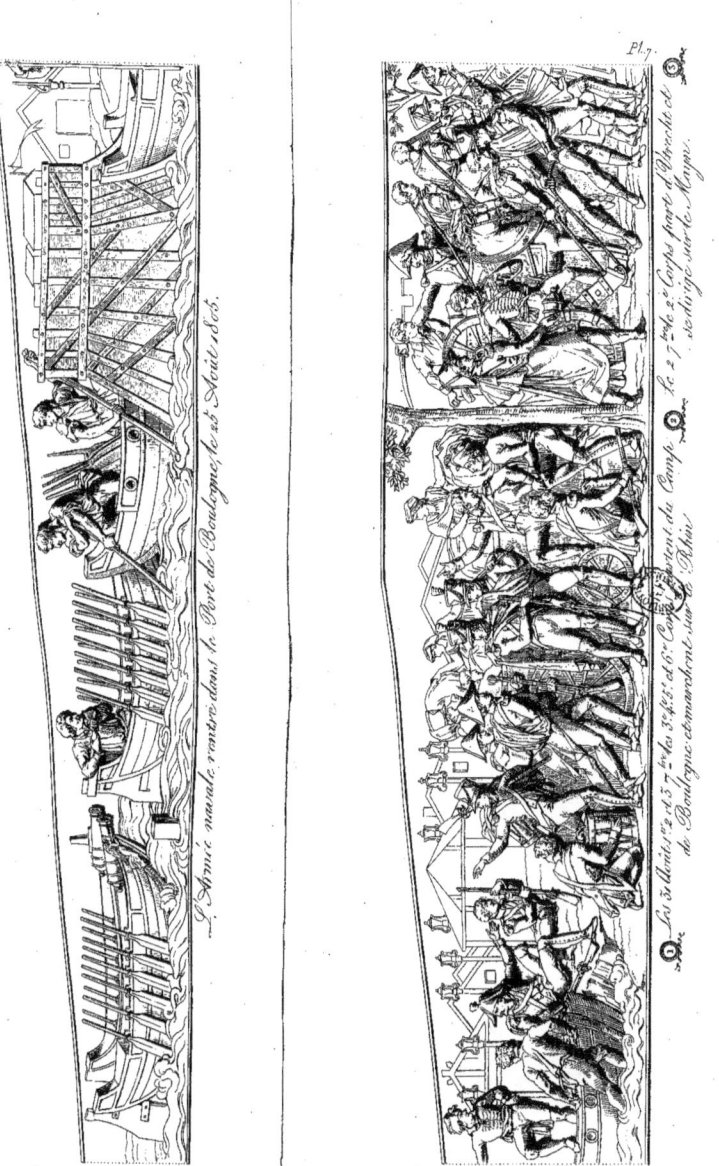

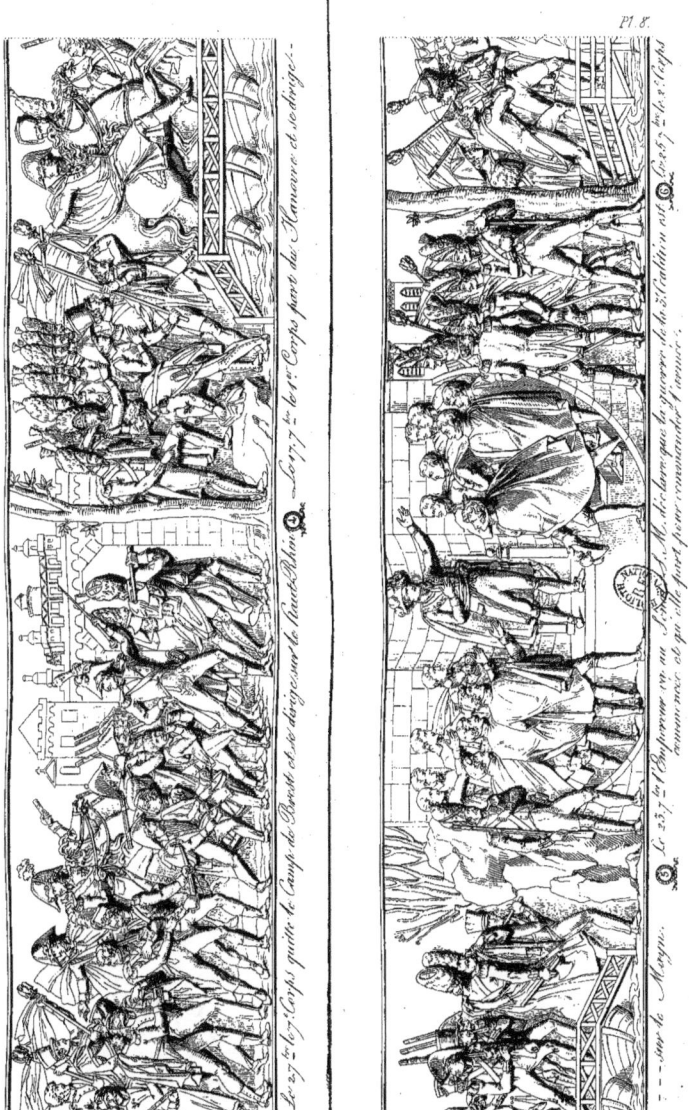

parti de Hollande passe le Rhin à Mayence. ⑦ Le 26 7bre le 3e Corps parti de Bruges passe le Rhin à Manheim

Pl. 9.

⑧ Le 26 Septembre le 4e Corps parti de Boulogne passe le Rhin à Spire. ⑨ Le 26 7bre le

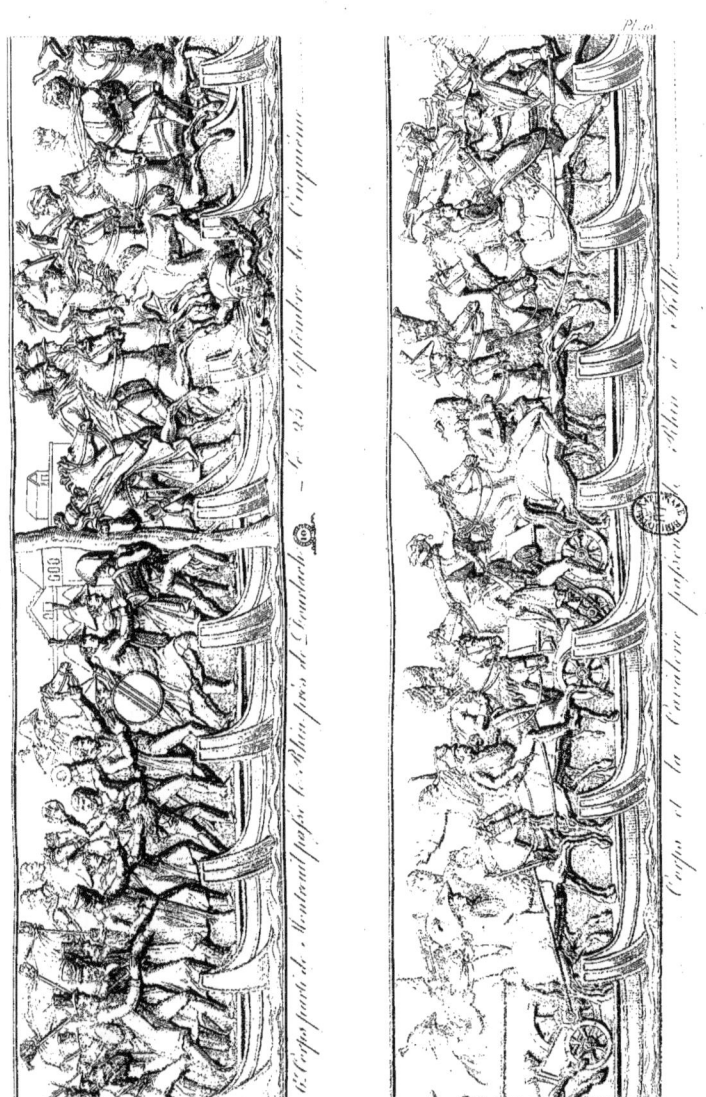

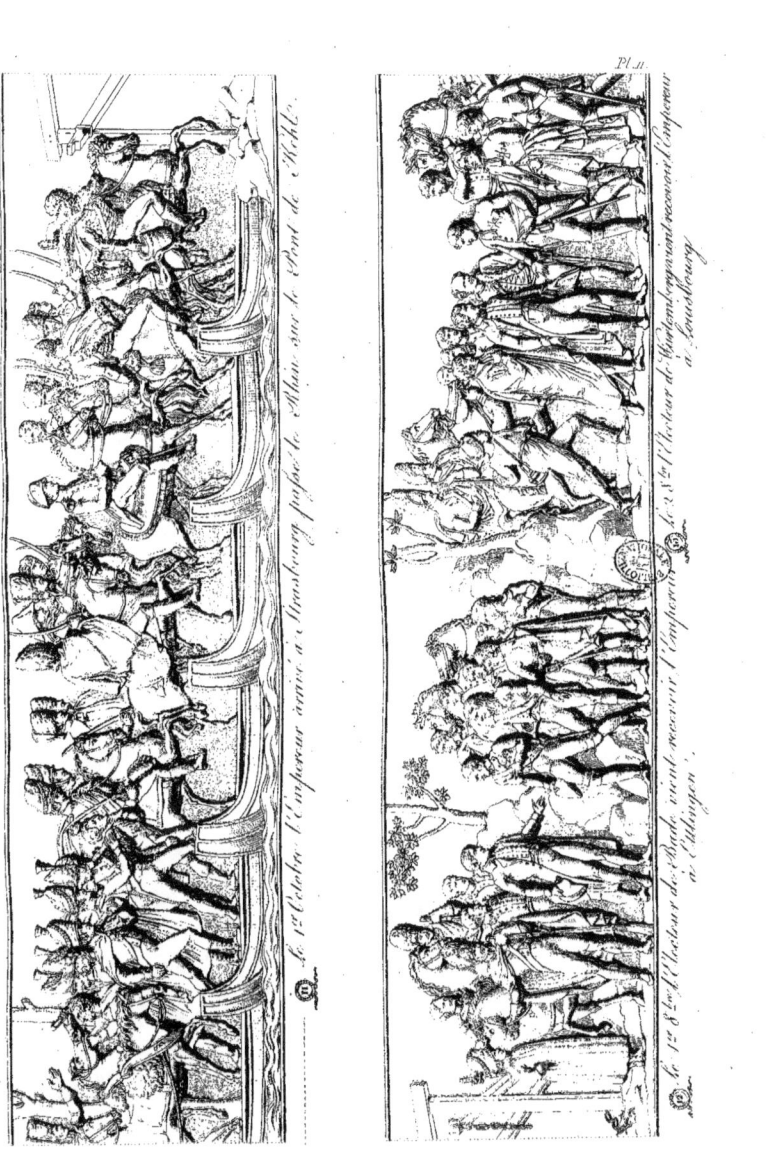

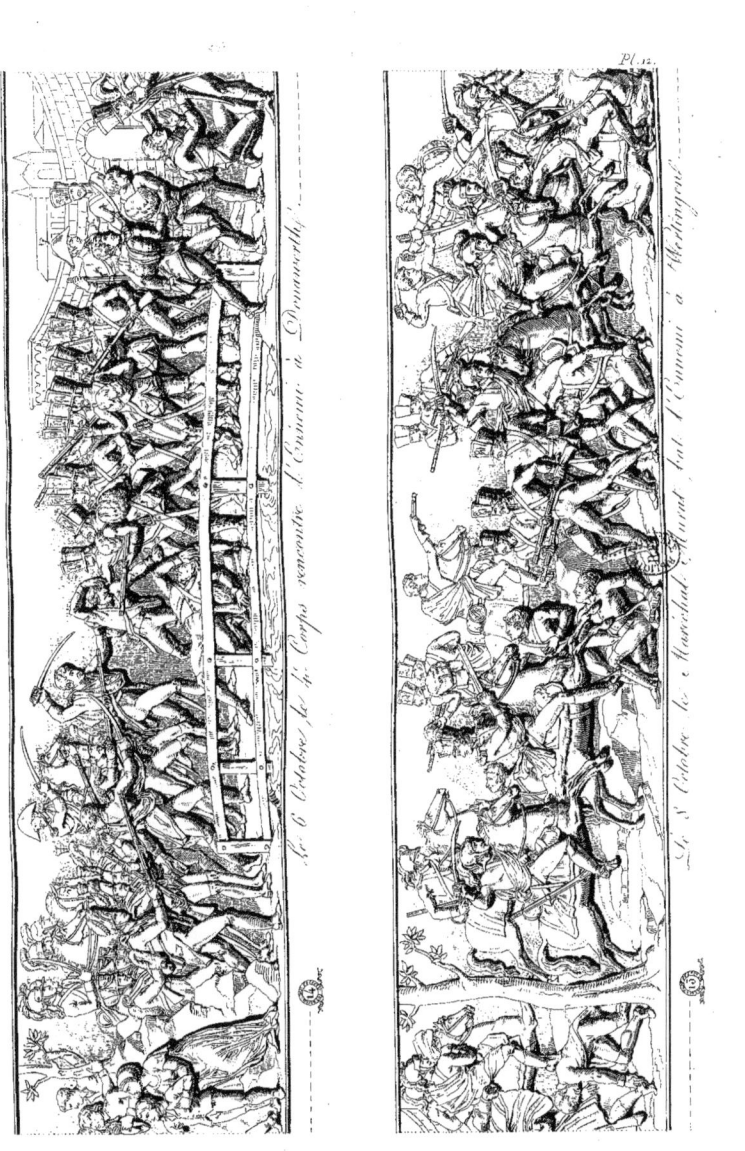

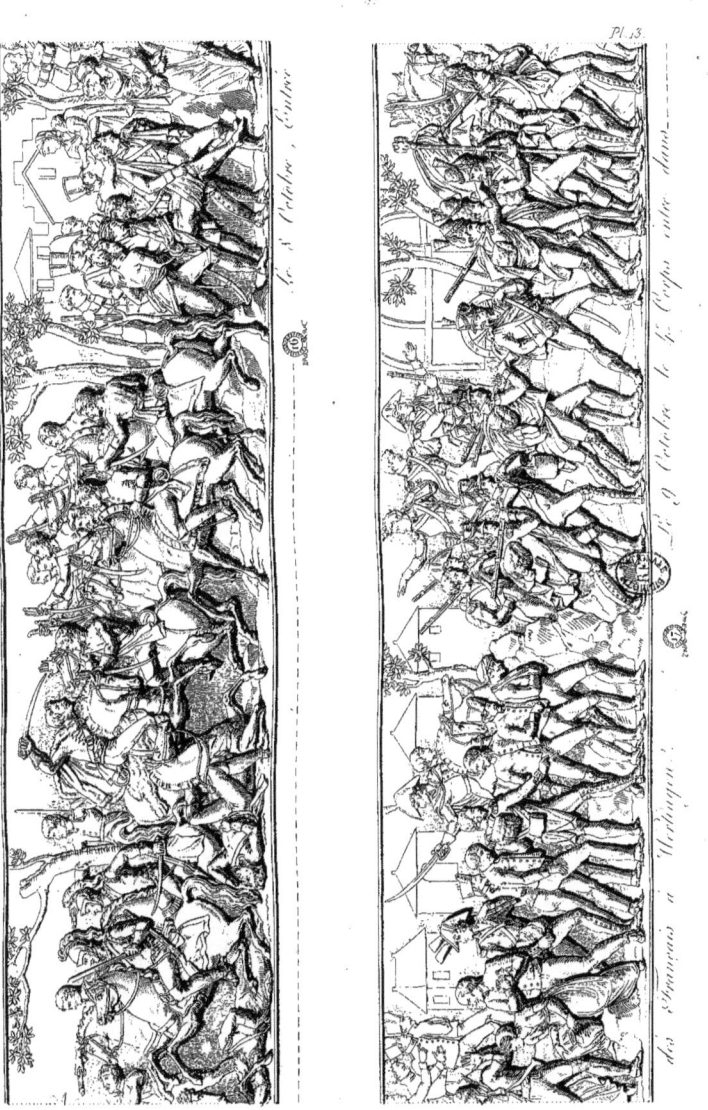

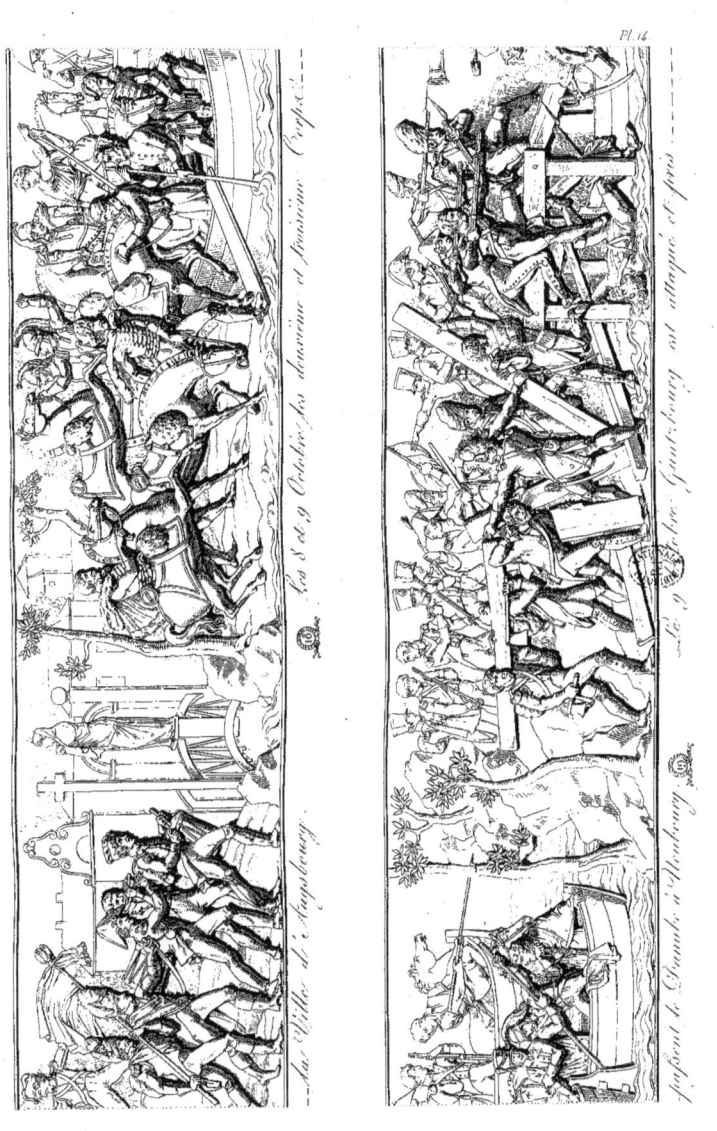

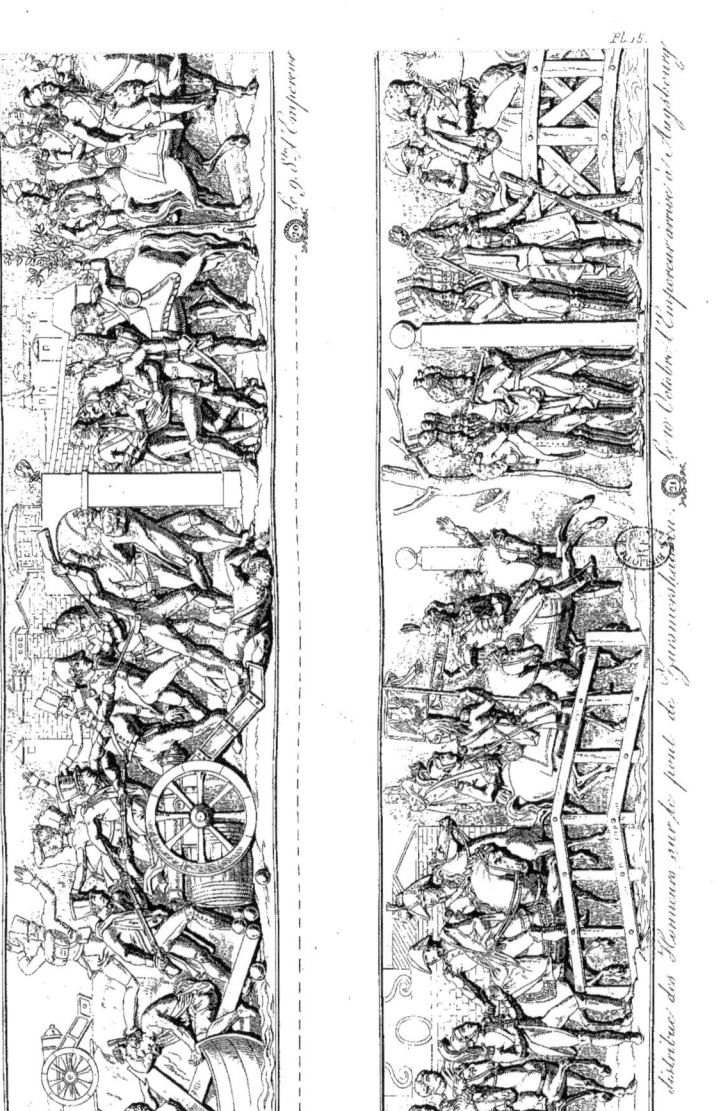

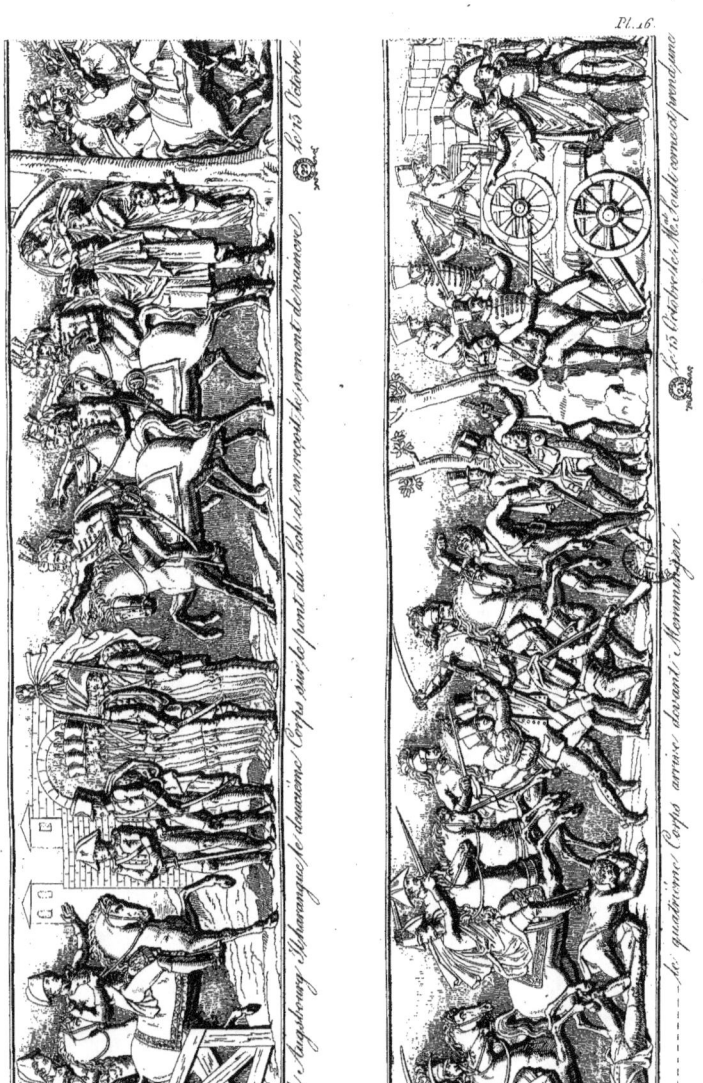

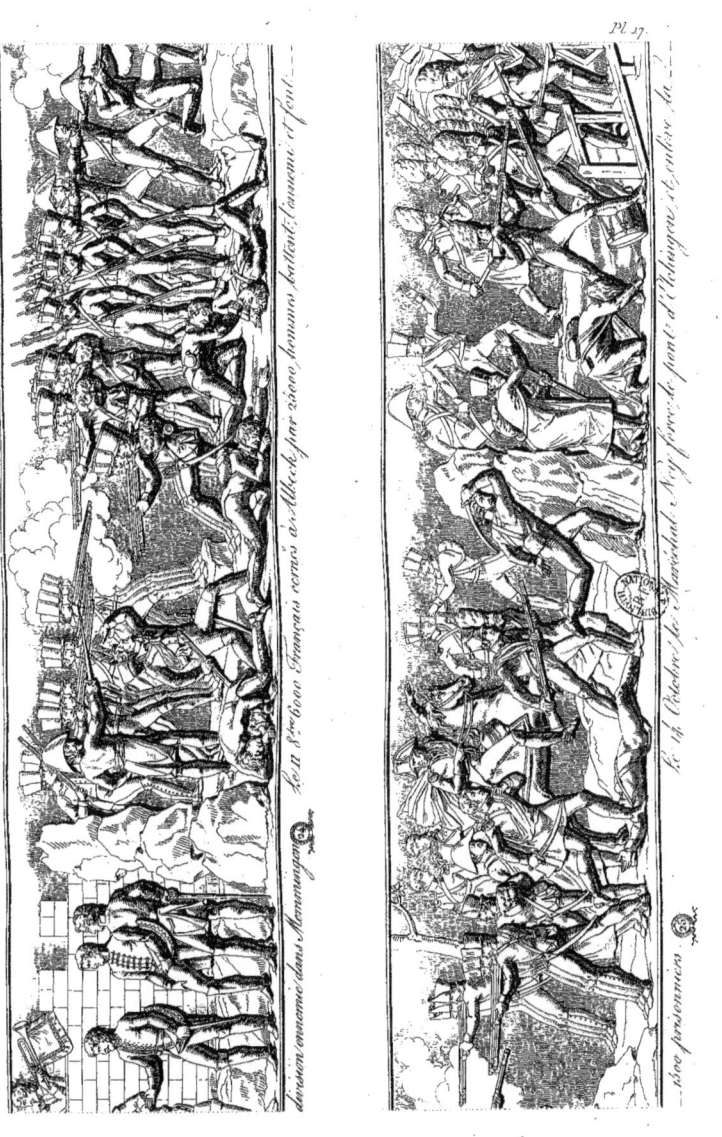

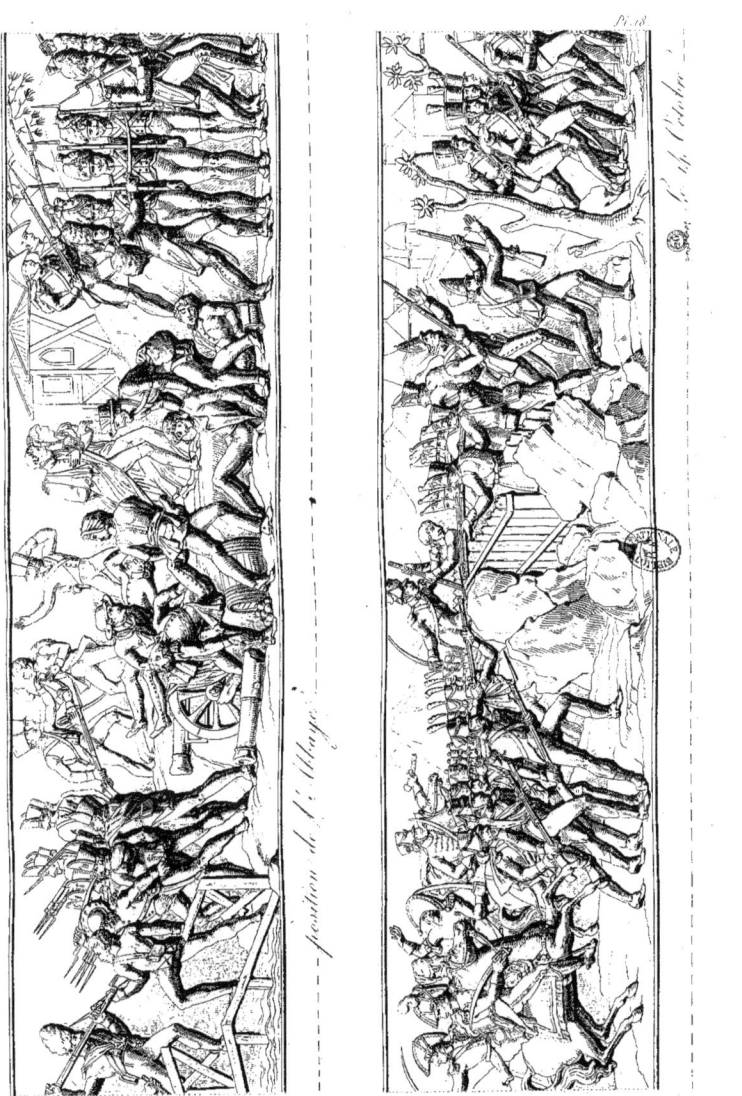

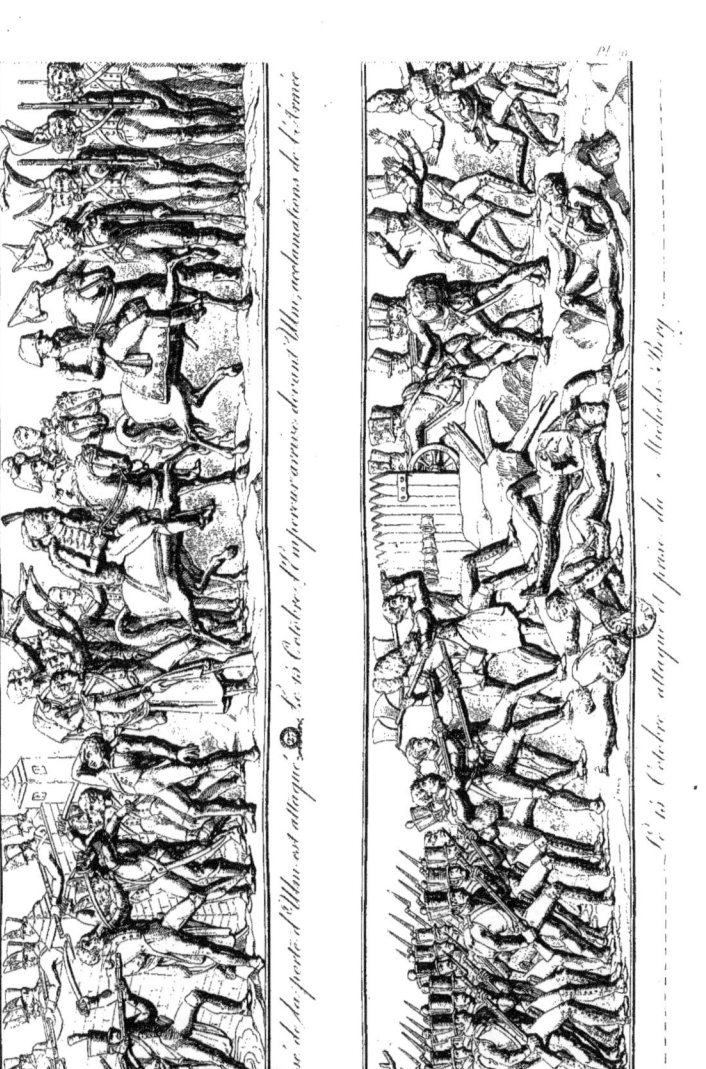

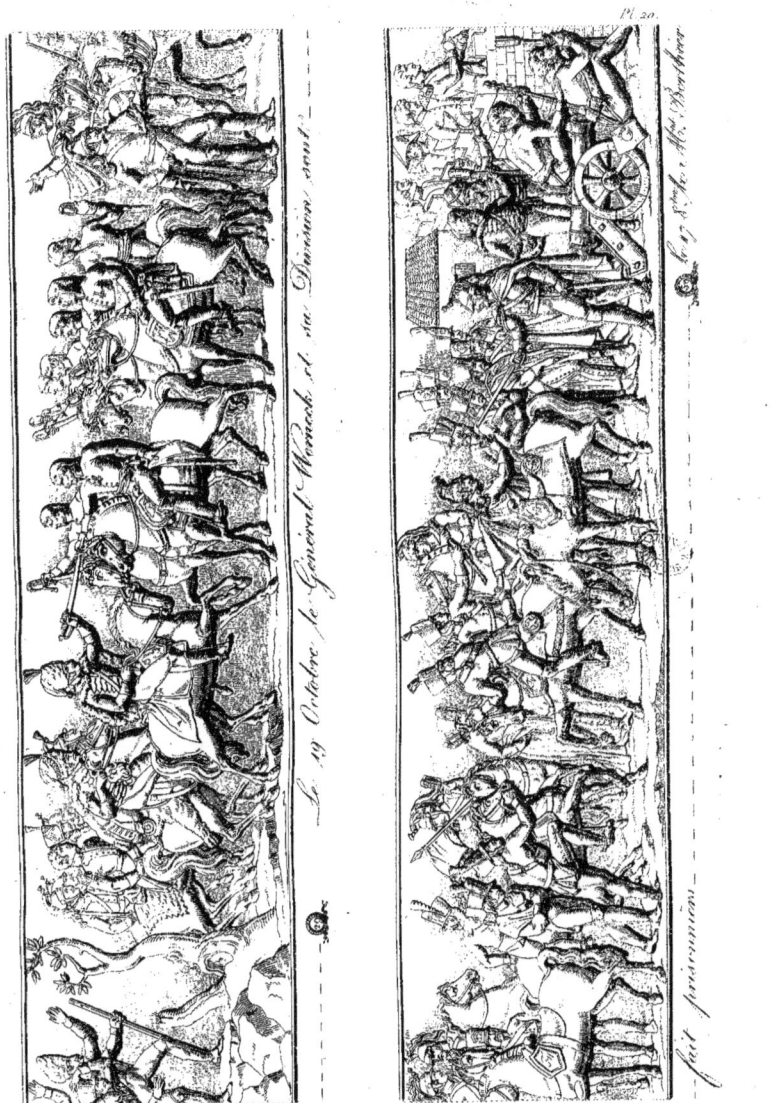

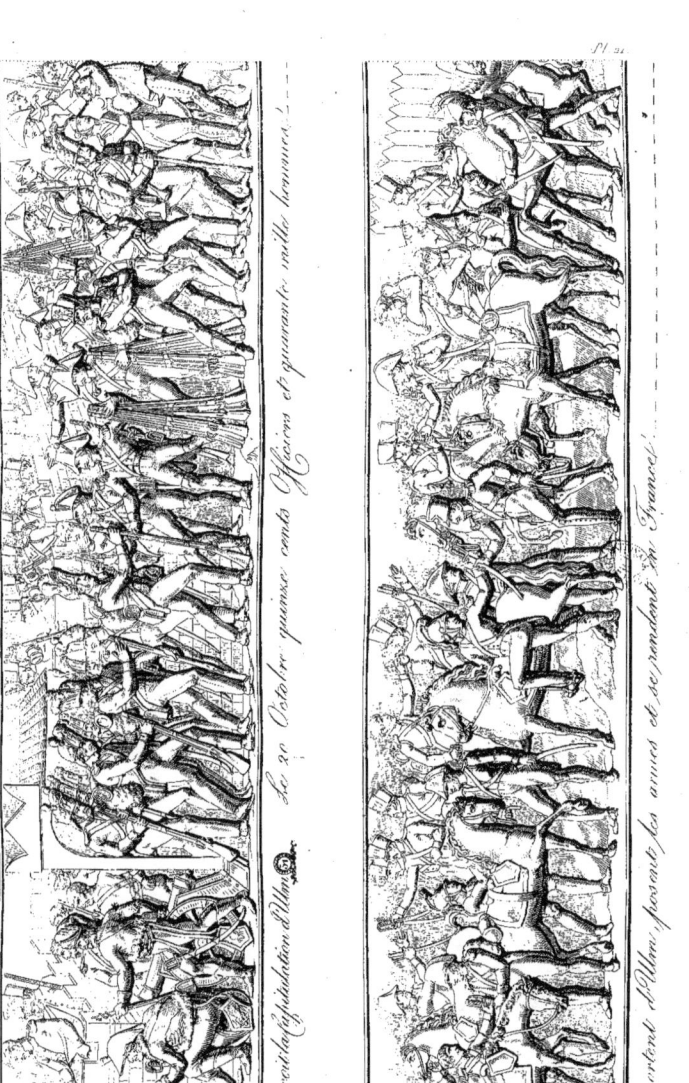

Le 20 Octobre quinze cents Officiers et quarante mille hommes reçoivent la Capitulation d'Ulm, sortent d'Ulm, posent les armes et se rendent en France.

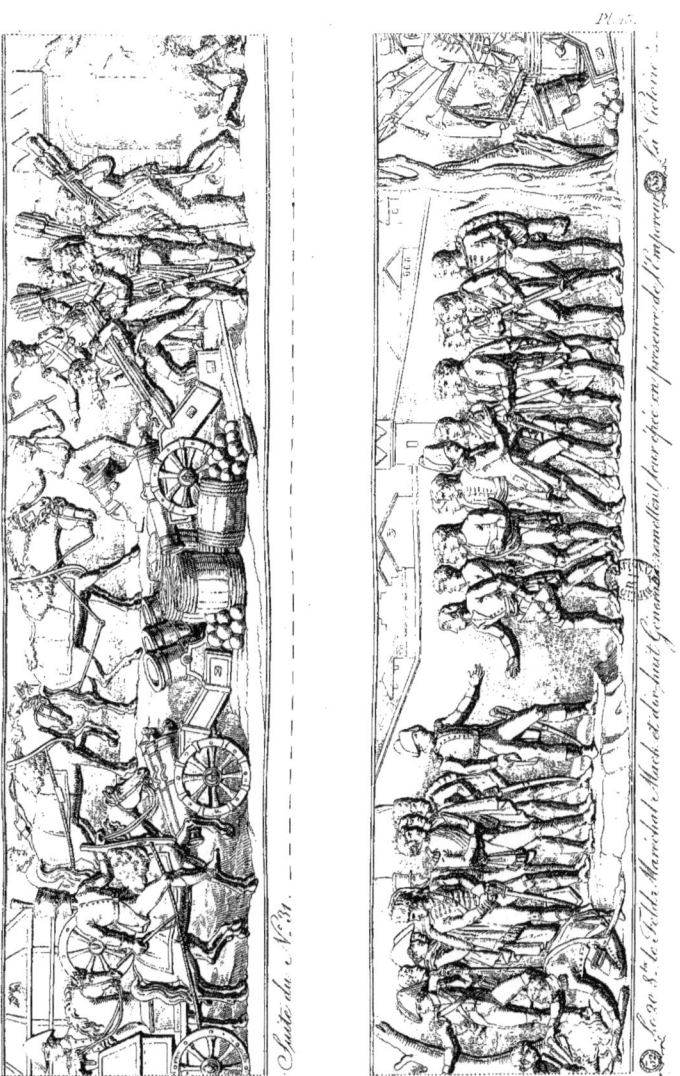

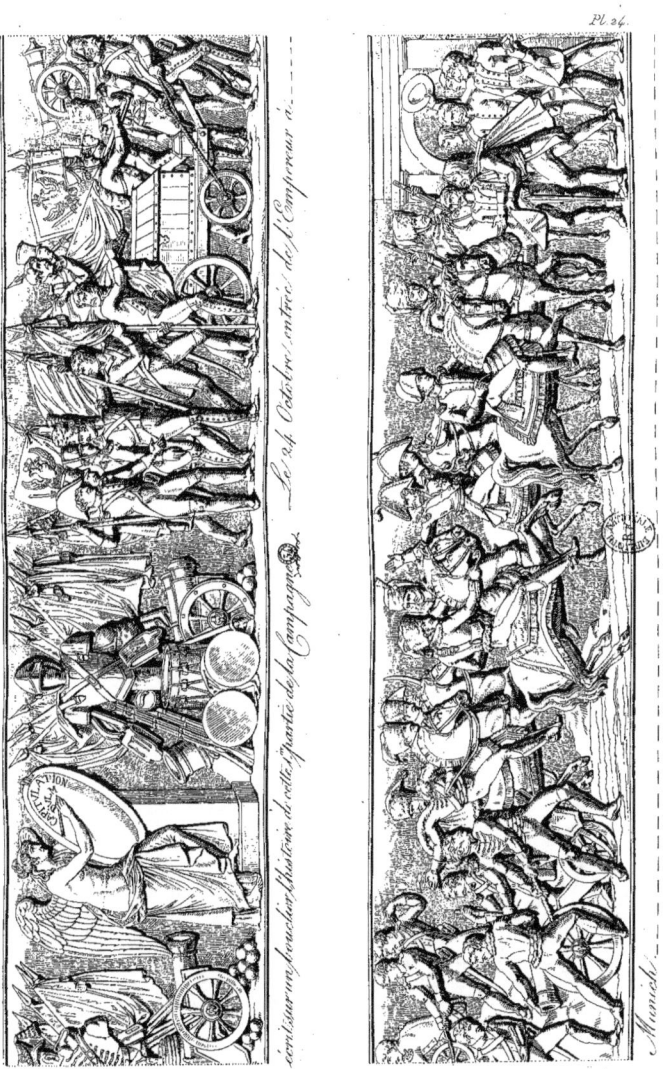

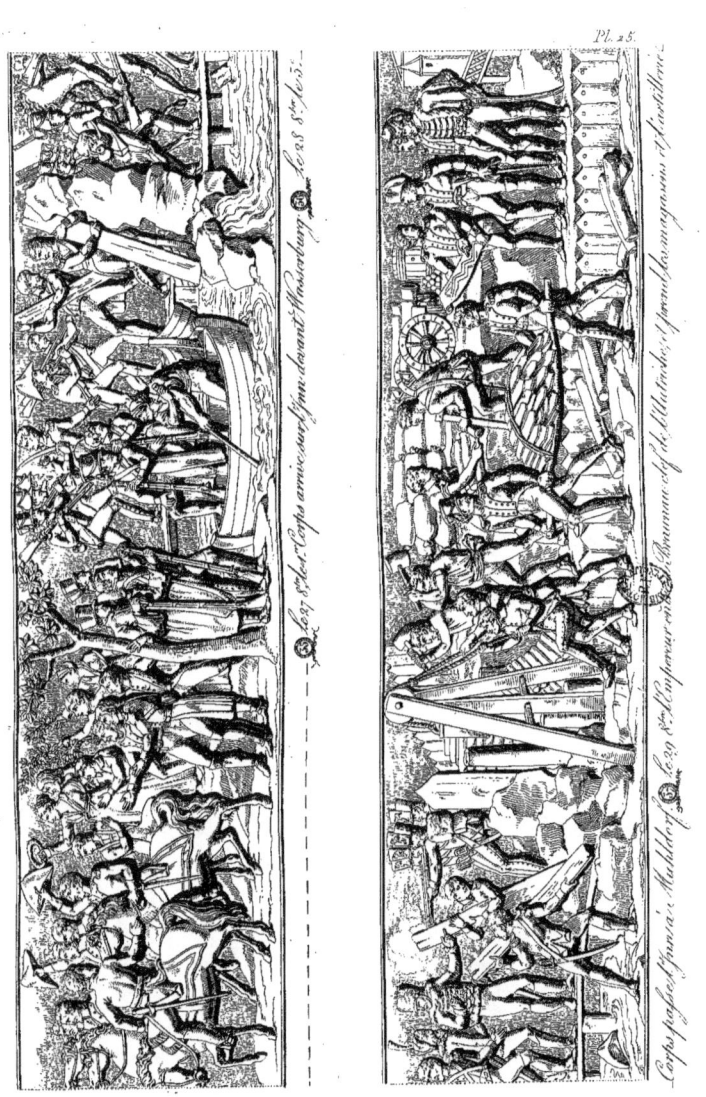

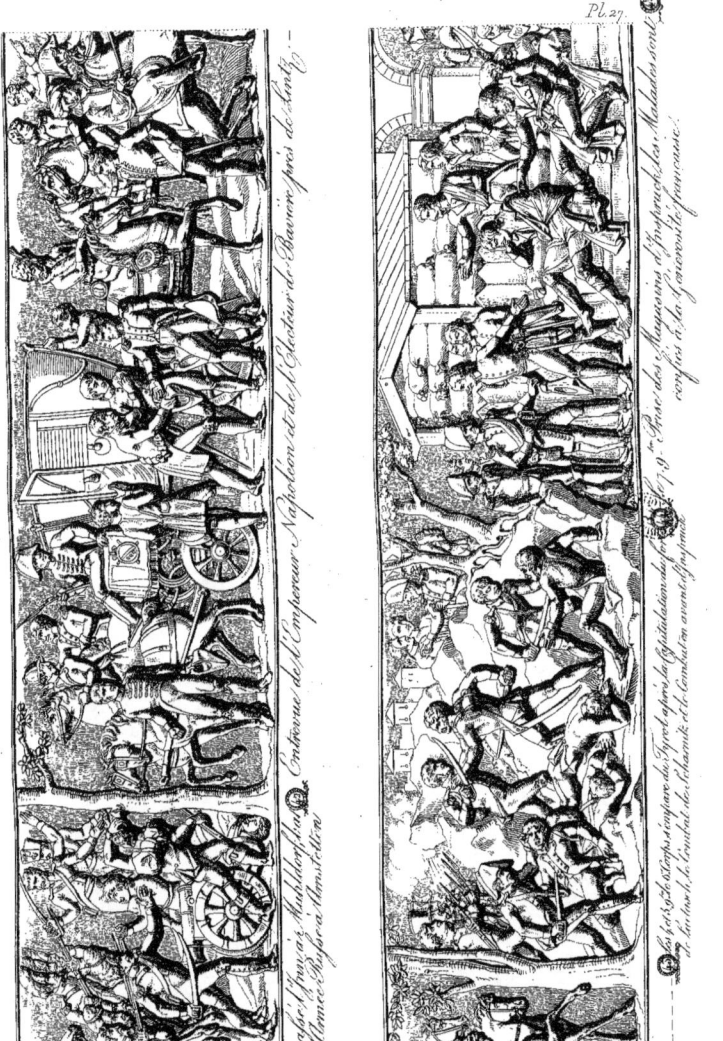

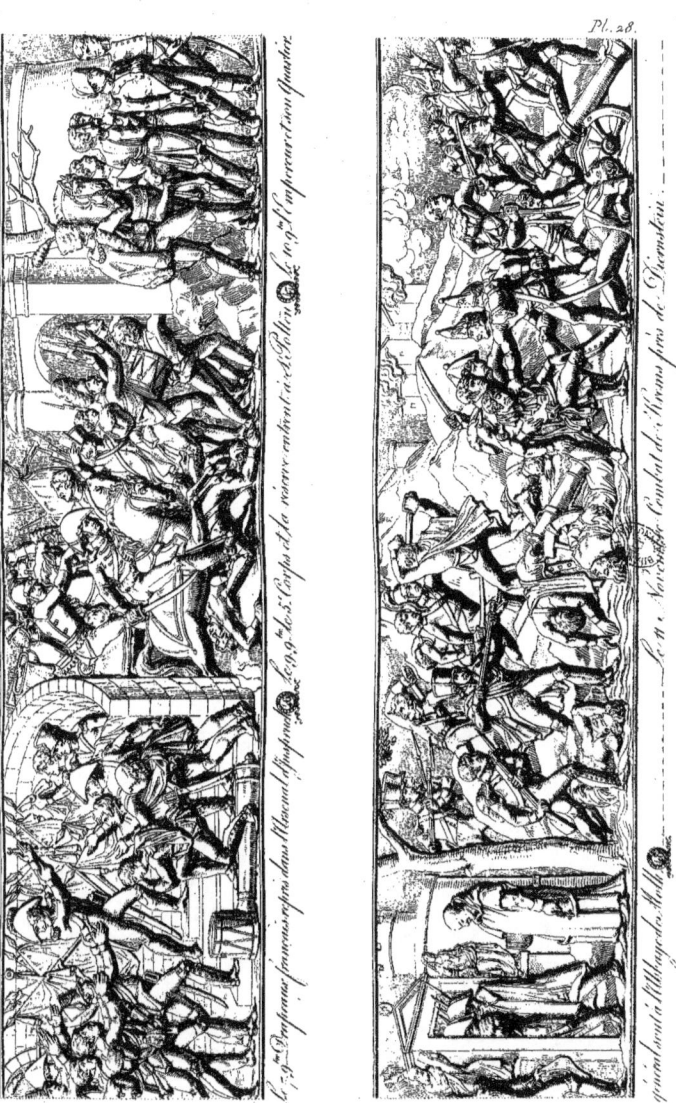

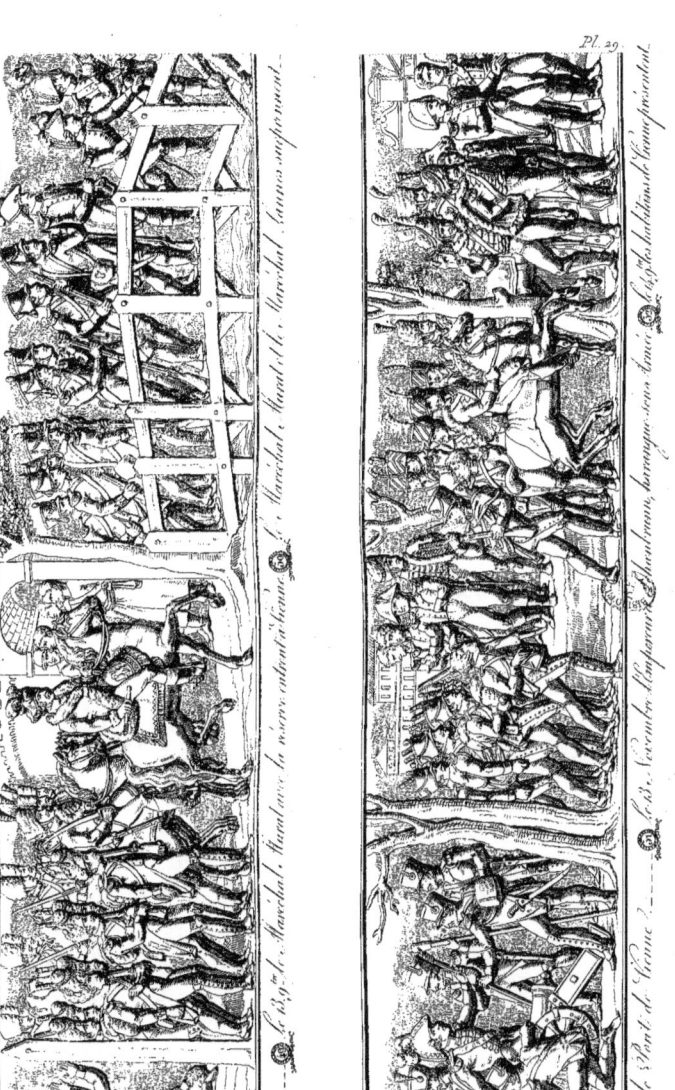

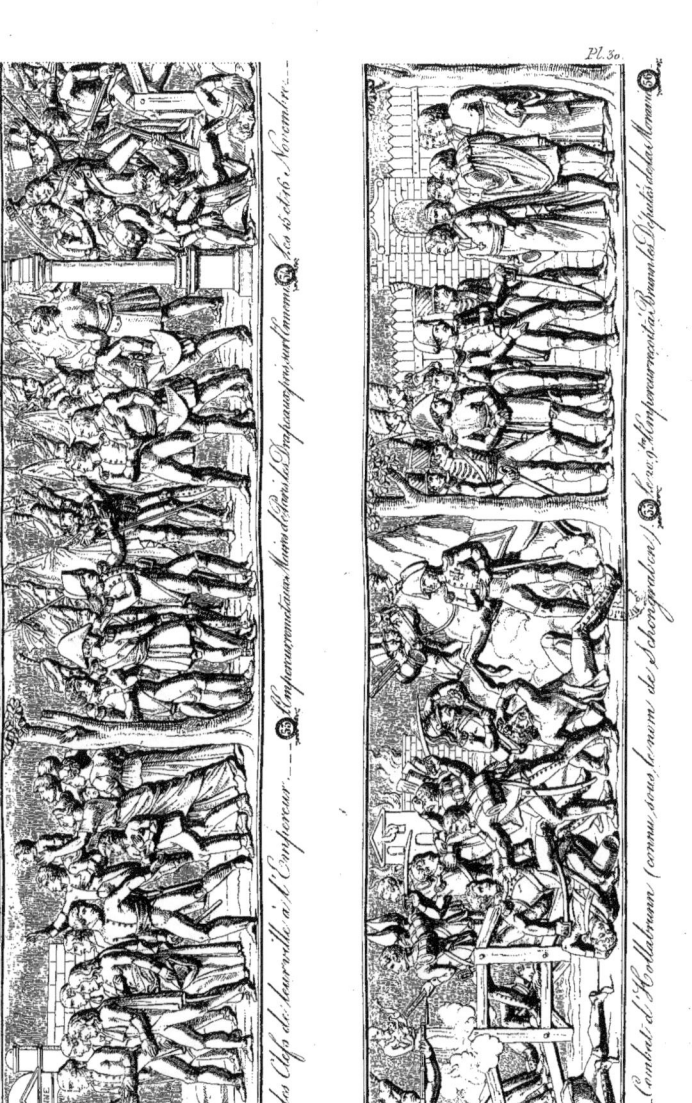

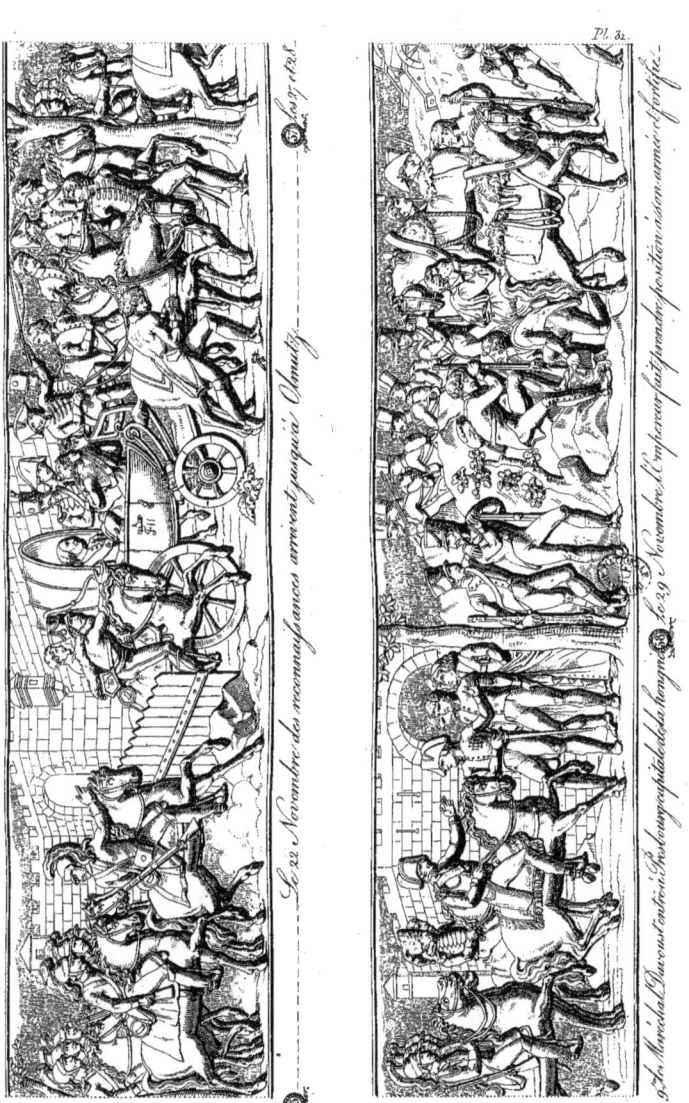

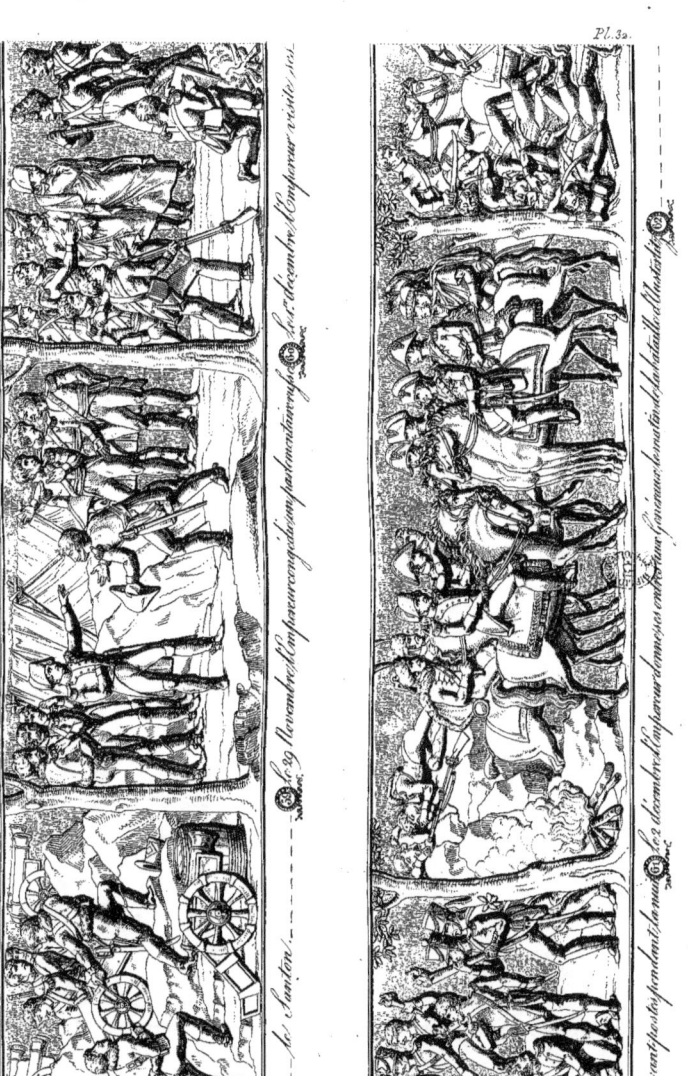

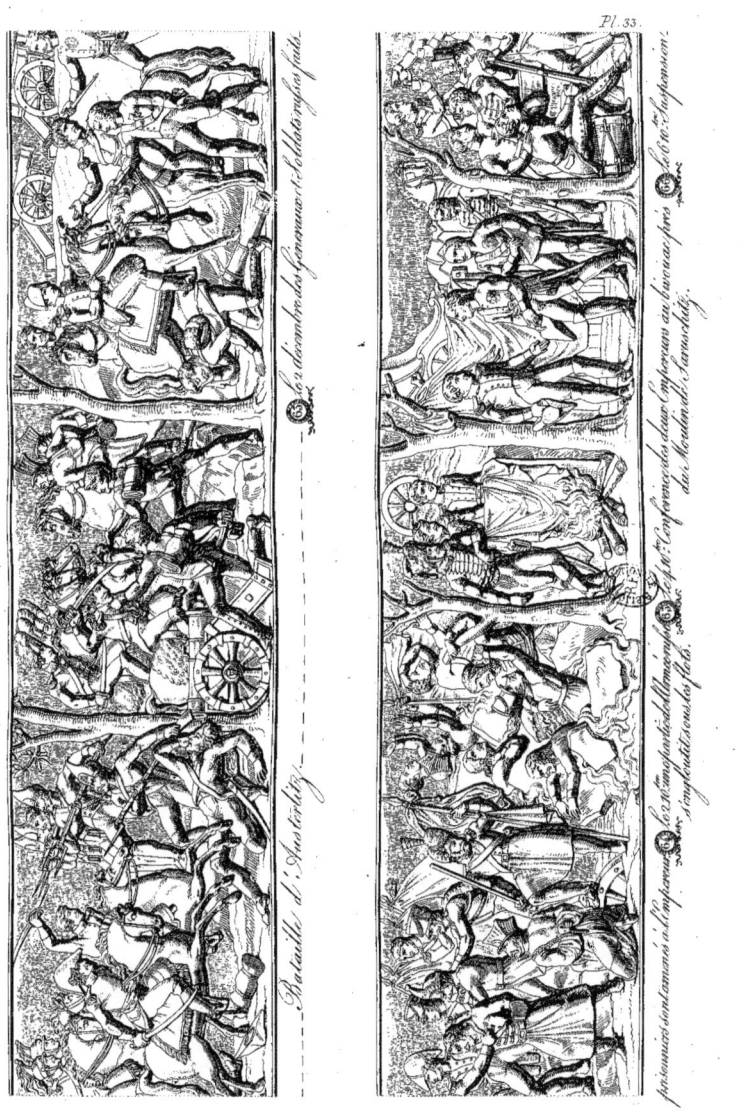

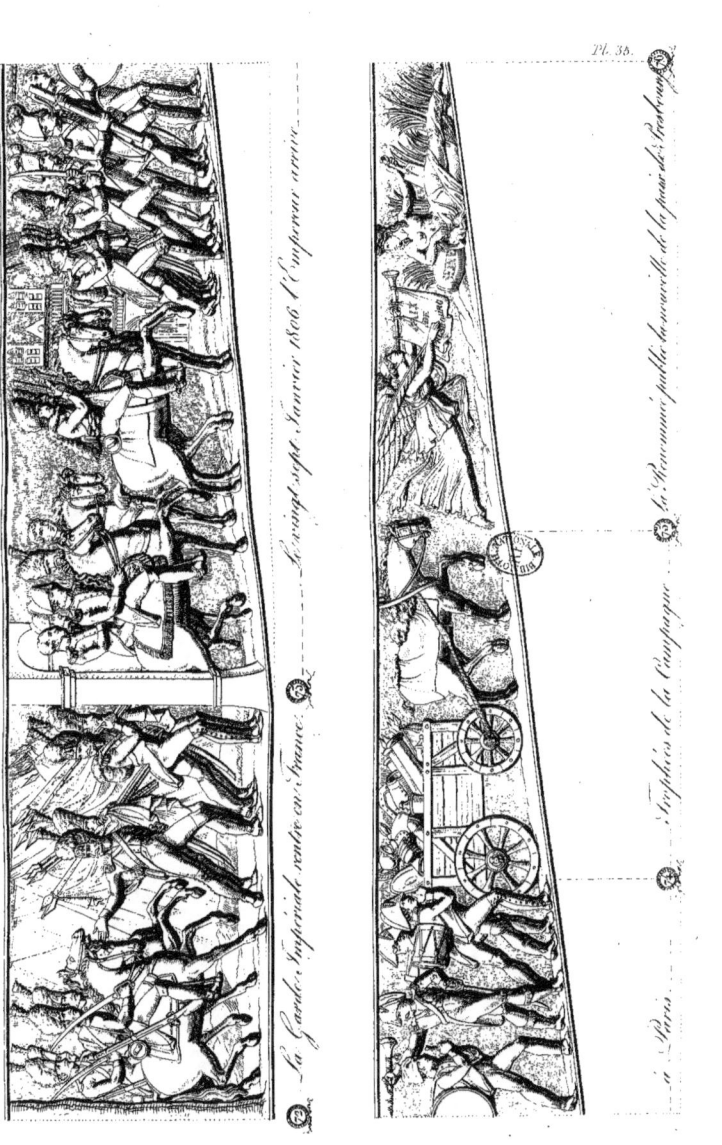

Pl. 38.

Statue Colossale de Napoléon
qui surmontait la Colonne de la Grande Armée,
maintenant remplacée par un Drapeau fleurdelisé

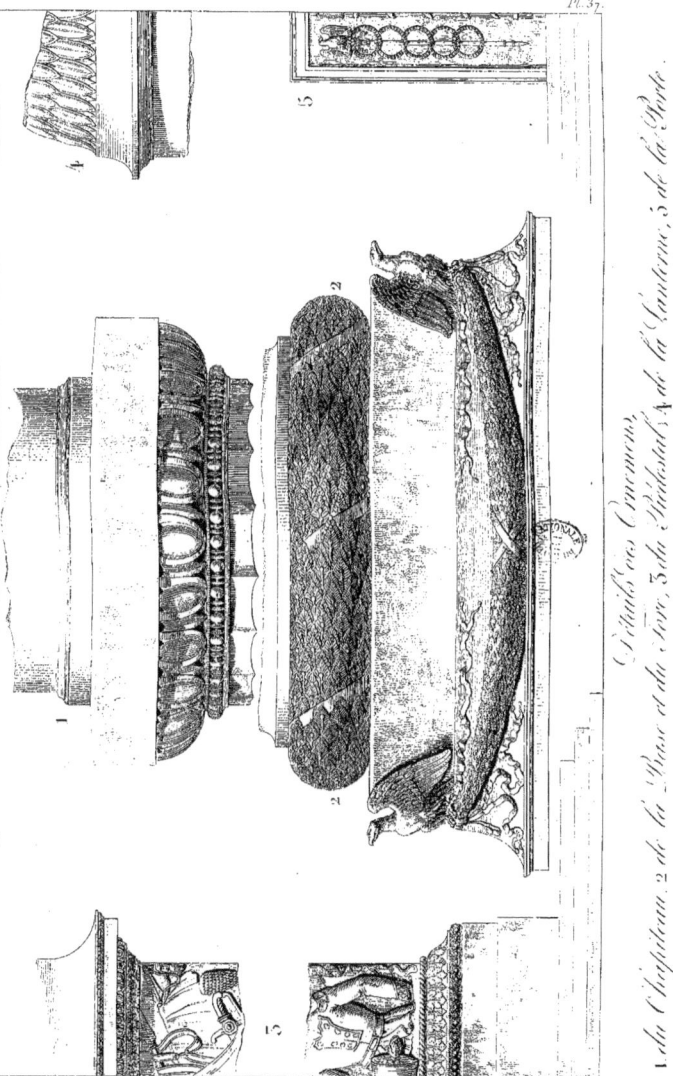

Détails des Couronnemens.

1 du Chapiteau, 2 de la Phase et du Tore, 3 du Piédestal, 4 de la Lanterne, 5 de la Porte.

Napoléon sur la Colonne,
28 Juillet 1833.

www.ingramcontent.com/pod-product-compliance
Lightning Source LLC
LaVergne TN
LVHW050623090426
835512LV00008B/1646